Cachorros AMIGOS

I0801030

CACHORROS DE pastor alemán

David y Patricia Armentrout
Traducción de Sophia Barba-Heredia

Un libro de El Semillero de Crabtree

ÍNDICE

CRABTREE
Publishing Company
www.crabtreebooks.com

Apoyos de la escuela a los hogares para cuidadores y maestros

Este libro ayuda a los niños en su desarrollo al permitirles practicar la lectura. Abajo están algunas preguntas guía para ayudar al lector a fortalecer sus habilidades de comprensión. En rojo hay algunas opciones de respuesta.

Antes de leer:

- ¿De qué pienso que tratará este libro?
    - *Pienso que este libro es sobre cachorros de pastor alemán.*
    - *Pienso que este libro es sobre ser amigos de los cachorros de pastor alemán.*
- ¿Qué quiero aprender sobre este tema?
    - *Quiero aprender si un cachorro de pastor alemán sería una buena mascota para mí.*
    - *Quiero aprender cuántos cachorros de pastor alemán nacen en una camada.*

Durante la lectura:

- Me pregunto por qué...
    - *Me pregunto por qué los cachorros de pastor alemán al inicio tienen orejas caídas.*
    - *Me pregunto por qué los pastores alemanes son llamados perros de trabajo.*
- ¿Qué he aprendido hasta ahora?
    - *Aprendí que los cachorros de pastor alemán son mascotas leales.*
    - *Aprendí que los cachorros solo toman la leche de sus madres durante las primeras cuatro semanas.*

Después de leer:

- ¿Qué detalles aprendí de este tema?
    - *Aprendí que las mamás pastor alemán usualmente tienen 15 cachorros en una camada.*
    - *Aprendí que a los cachorros les gusta masticar sus juguetes cuando están en dentición.*
- Lee el libro una vez más y busca las palabras del vocabulario.
    - *Veo la palabra **camada** en la página 6 y la palabra **dentición** en la página 14. Las demás palabras del glosario están en las páginas 22 y 23.*

Cachorros de pastor alemán

Los cachorros de pastor alemán son tiernas bolas de **pelo**.

La mayoría tienen dos colores en su **pelaje**.

Las mamás tienen hasta 15 cachorros en una **camada**.

Los cachorros solo beben la leche de sus madres durante las primeras cuatro semanas.

Al inicio, los cachorros de pastor alemán tienen las orejas caídas.

A las 20 semanas de nacimiento, las orejas del cachorro se levantan.

A los cachorros les gusta masticar sus juguetes cuando están en **dentición**.

Cuando los cachorros juegan, ¡se muerden gentilmente entre ellos!

Los pastores alemanes son una **raza** inteligente.

Algunos pastores alemanes son entrenados para convertirse en **perros de trabajo**.

La mayoría de los cachorros de pastor alemán crecen para convertirse en **leales** perros de familia.

Glosario

camada: Un grupo de perros u otros animales nacidos al mismo tiempo de una misma madre.

dentición: Dentición significa que nuevos dientes están saliendo.

leales: Leal significa ser digno de confianza.

pelaje: El pelaje es el suave y denso pelo o abrigo de un animal.

perros de trabajo: Los perros de trabajo son entrenados para hacer tareas como buscar, rescatar, pastorear y guiar.

raza: Una raza es un tipo de animal.

Índice analítico

Sobre los autores

David y Patricia Armentrout

David y Patricia pasan todo el tiempo que pueden jugando con Gimli, Artie y Scarlett y cuidándolos. Son sus tres queridos perros de familia.

Sitios Web (páginas en inglés):

www.akc.org/dog-breeds/best-dogs-for-kids
www.goodhousekeeping.com/life/pets/g5138/best-family-dogs

CRABTREE Publishing Company

Written by: David and Patricia Armentrout
Designed by: Jennifer Dydyk
Editor: Kelli Hicks
Proofreader: Crystal Sikkens
Translation to Spanish: Sophia Barba-Heredia
Spanish-language layout and proofread: Base Tres
Print and production coordinator: Katherine Berti

Photographs: Cover: photo shutterstock.com/ Jaroslav Francisko, background art shutterstock.com/ Dreamzdesigners. Title Page: istock.com/Bigandt_Photography. Pages 2-3: shutterstock.com/BIGANDT.COM. Pages 4-5: istock.com/Barb. Pages 6-7: shutterstock.com/Jagodka and Lenkadan. Pages 8-9: istock.com/cynoclub and shutterstock.com/slowmotiongli. Pages 10-11: istock.com/Bigandt_Photography. Pages 12-13: shutterstock.com/Rita_Kochmarjova. Pages 14-15: istock.com/cynoclub and shutterstock.com/Ssilverartist. Pages 16-17: shutterstock.com/Victoria Antonova. Pages 18-19: shutterstock.com/DTeibe Photography and ANURAKE SINGTO-ON. Pages 20-21: shutterstock.com/Stone36 and Versta. Page 22 top photo: shutterstock.com/Sergey Kamshylin.

Library and Archives Canada Cataloguing in Publication
Title: Cachorros de pastor alemán / David y Patricia Armentrout ; traducción de Sophia Barba-Heredia.
Other titles: German shepherd puppies. Spanish
Names: Armentrout, David, 1962- author. | Armentrout, Patricia, 1960- author. | Barba-Heredia, Sophia, translator.
Description: Series statement: Cachorros amigos | Translation of: German shepherd puppies. | Includes index. | "Un libro de el semillero de Crabtree". | Text in Spanish.
Identifiers: Canadiana (print) 20210246685 | Canadiana (ebook) 20210246693 | ISBN 9781039619944 (hardcover) | ISBN 9781039620001 (softcover) | ISBN 9781039620063 (HTML) | ISBN 9781039620124 (EPUB) | ISBN 9781039620186 (read-along ebook)
Subjects: LCSH: German shepherd dog—Juvenile literature. | LCSH: Puppies—Juvenile literature.
Classification: LCC SF429.G37 A7618 2022 | DDC j636.737/6—dc23

Library of Congress Cataloging-in-Publication Data
Names: Armentrout, David, 1962- author. | Armentrout, Patricia, 1960- author.
Title: Cachorros de pastor alemán / David y Patricia Armentrout ; traducción de Sophia Barba-Heredia.
Other titles: German shepherd puppies. Spanish
Description: New York, NY : Crabtree Publishing, [2022] | Series: Cachorros amigos - un libro el semillero de Crabtree | Includes index.
Identifiers: LCCN 2021027889 (print) | LCCN 2021027890 (ebook) | ISBN 9781039619944 (hardcover) | ISBN 9781039620001 (paperback) | ISBN 9781039620063 (ebook) | ISBN 9781039620124 (epub) | ISBN 9781039620186
Subjects: LCSH: German shepherd dog--Juvenile literature. | Puppies--Juvenile literature.
Classification: LCC SF429.G37 A6818 2022 (print) | LCC SF429.G37 (ebook) | DDC 636.737/6--dc23
LC record available at https://lccn.loc.gov/2021027889
LC ebook record available at https://lccn.loc.gov/2021027890

Crabtree Publishing Company
www.crabtreebooks.com 1-800-387-7650

In Canada: We acknowledge the financial support of the Government of Canada through the Canada Book Fund for our publishing activities.

Published in the United States
Crabtree Publishing
347 Fifth Avenue, Suite 1402-145
New York, NY, 10016

Published in Canada
Crabtree Publishing
616 Welland Ave.
St. Catharines, Ontario L2M 5V6

Printed in the U.S.A./092021/CG20210616